MELANIE KLEIMANN

Sweets & Treats
LOW CARB

LOW CARB köstlichkeiten

riva

Bibliografische Information der Deutschen Nationalbibliothek
Die Deutsche Nationalbibliothek verzeichnet diese Publikation in der Deutschen
Nationalbibliografie. Detaillierte bibliografische Daten sind im Internet über
http://dnb.d-nb.de abrufbar.

Für Fragen und Anregungen:
info@riva-verlag.de

Originalausgabe
1. Auflage 2017
© 2017 by riva Verlag, ein Imprint der Münchner Verlagsgruppe GmbH
Nymphenburger Straße 86
D-80636 München
Tel.: 089 651285-0
Fax: 089 652096

Redaktion: Katrin Koelle
Umschlaggestaltung: Isabella Dorsch
Umschlagabbildung und Abbildungen im Innenteil: Melanie Kleimann
Satz: Satzwerk Huber, Germering
Druck: Florjancic Tisk d.o.o., Slowenien
Printed in the EU

ISBN Print 978-3-7423-0456-8
ISBN E-Book (PDF) 978-3-95971-988-9
ISBN E-Book (EPUB, Mobi) 978-3-95971-989-6

Weitere Informationen zum Verlag finden Sie unter

www.riva-verlag.de

Beachten Sie auch unsere weiteren Verlage unter www.m-vg.de

Inhalt

Kuchen & Torten

Kekse & Gebäck

Andere Köstlichkeiten

Weihnachten

Über mich

Es ist nun fast fünf Jahre her, dass ich mein Höchstgewicht von 89,9 kg erreicht und daraufhin den Entschluss gefasst hatte, dass sich etwas in meinem Leben ändern muss. Ich hatte zu diesem Zeitpunkt schon die eine oder andere Diät hinter mir, denn Gewichtsprobleme hatte ich, seit ich denken kann.

Diesmal wollte ich aber keine neue Diät anfangen. Ich wollte vor allem nicht mehr hungern, sondern eine Ernährungsform finden, die mich satt, glücklich und schlank macht! Dann stieß ich durch Zufall auf Low Carb und probierte es aus. Nach kurzer Zeit purzelten die Pfunde und sogar die starken Kopfschmerzen, die ich bis dahin drei- bis viermal pro Woche gehabt hatte, waren verschwunden!

Schnell fand ich Spaß daran, auch selbst neue Low-Carb-Rezepte zu kreieren. Und so entstand mein Blog www.lowcarbkoestlichkeiten.de.

In diesem Buch habe ich meine liebsten süßen Rezepte für euch zusammengestellt. Ich hoffe, sie gefallen euch!

Eure Melanie

Low Carb: dem Körper den richtigen Treibstoff geben

Bei dieser Ernährungsform verzichten wir weitgehend auf Kohlenhydrate. Diese lassen den Insulinspiegel nämlich in die Höhe schießen, was wiederum für Heißhunger sorgt.

FETT STATT KOHLENHYDRATE

Hand aufs Herz: Als ich mit Low Carb begonnen habe, wusste ich zwar, dass Sahne und Co. erlaubt sind, hatte aber trotzdem Hemmungen, sie zu verwenden. Und vermutlich geht es euch genauso, denn uns wurde etwas anderes beigebracht. Aber wenn wir die Kohlenhydrate reduzieren, aus denen der Körper bisher seine Energie gewonnen hat, ist es wichtig, ihm einen anderen Antriebsstoff zu geben, aus dem er Energie gewinnen kann!

KEIN GUTER ANTRIEBSSTOFF FÜR DEINEN KÖRPER: INDUSTRIEZUCKER

Zucker macht nicht nur süchtig, er kann auch das Immunsystem schwächen. Zucker ist mitverantwortlich für Übergewicht, Karies und Diabetes.

Wird man von ein bisschen Zucker krank? Nein. Aber viele Menschen wissen nicht, dass sie zu viel Zucker zu sich nehmen. Denn Zucker steckt in vielen Lebensmitteln, in denen man ihn gar nicht vermutet. Oder wusstest du, dass zum Beispiel sogar Serrano-Schinken Zucker enthält? Zucker ist fast überall enthalten, und das ist es, was den Zucker auf Dauer für uns alle gefährlich macht.

Es macht also nicht nur Sinn, auf Zucker zu verzichten, wenn man abnehmen will, sondern auch, um auf Dauer gesund zu bleiben.

DAS KALORIENDEFIZIT

Die Wahrheit ist: Auch bei Low Carb ist ein Kaloriendefizit nötig, um Gewicht zu verlieren. Überleg dir daher, ob die Leckereien in diesem Buch zusätzlich zu den Mahlzeiten zu deinem Gesamtbedarf passen. Ich verrate dir aber etwas: Ich genehmige mir gerne auch mal (nicht ausschließlich!) ein Stück Low-Carb-Torte als Frühstück. Warum auch nicht? Es handelt sich schließlich um gesunde Zutaten. Alternativ kannst du dir überlegen, ob du dir Torten und Co. wirklich nur zu besonderen Anlässen gönnst.

Sonderzutaten

Mandelmilch ist ein Nebenprodukt bei der Herstellung von Mandelmehl. Ihre Vorteile: Mandelmilch liefert kaum Kohlenhydrate und hat deutlich weniger Kalorien als Kuhmilch. Sie ist zudem reich an Vitamin E und Kalzium. Die Mandelmilch in den Rezepten kannst du aber problemlos gegen Kuhmilch oder andere Pflanzenmilch austauschen. 100 ml Mandelmilch haben nur etwa 0,1 g Kohlenhydrate.

Für *Erdnussmus* püriert man Erdnusskerne so lange, bis das Öl austritt. Bei Plätzchen sorgt das Mus dafür, dass sie etwas knuspriger werden. Wenn du es fertig kaufst, solltest du darauf achten, dass es sich um reines Erdnussmus ohne weitere Zusätze handelt. 100 g Erdnussmus enthalten etwa 12 g Kohlenhydrate.

Backkakao oder auch Kakaopulver ist Kakao in seiner Reinform, enthält daher keinen Zucker und sorgt dafür, dass du trotz Low Carb nicht auf deinen Schokoladengenuss verzichten musst. Bei rund 9 g Kohlenhydraten pro 100 g kannst du dir diese Sünde locker leisten.

Mandelmehl Beim Pressen und Entölen von Mandeln entsteht ein Presskuchen, den man trocknet – fertig ist das Mandelmehl! Ich verwende Mandelmehl gern als Basis (im Verhältnis 2/3 zu Weizenmehl) in meinen Rezepten, da es relativ neutral im Geschmack ist. Die außerdem nötigen Zutaten wie z.B. Guarkernmehl zur Bindung oder Leinsamenmehl zur Verbesserung der Konsistenz kommen dann dazu. Mit ca. 7 g Kohlenhydraten pro 100 g ist Mandelmehl perfekt für die Low-Carb-Küche.

Kokosöl ist ein sehr gesundes Fett und eignet sich perfekt, um den Fettbedarf zu decken. Kokosöl kannst du wie Butter verwenden; also auch ersatzweise dafür einsetzen. Mildes Kokosöl hat übrigens keinen Eigengeschmack, falls du die Kokosnote nicht magst. Wie alle Fette enthält Kokosöl kaum Kohlenhydrate – ganze 0,5 g sind es pro 100 g!

Butter benötigst du für einige Rezepte in diesem Buch. 100 g enthalten nur etwa 0,1 g Kohlenhydrate.

Flohsamenschalen enthalten Schleimstoffe, die den Teig aufquellen lassen und ihm dadurch eine wunderbare Textur verleihen. 100 g enthalten nur etwa 1,7 g Kohlenhydrate.

Sonderzutaten

Xylit ist ein natürlicher Zuckerersatz aus Birkenrinde. Er wirkt sich kaum auf den Insulinspiegel aus, ist besonders zahnfreundlich und kann genau wie Haushaltszucker dosiert werden. Allerdings kann Xylit bei manchen Menschen (vor allem beim ersten Verzehr) zu Magenproblemen führen, sodass evtl. eher Erythritol oder Stevia als Zuckerersatz infrage kommen.

Chia-Samen sind reich an Omega-3-Fettsäuren, Antioxidantien, Eisen, Magnesium und Ballaststoffen. In Verbindung mit Flüssigkeit quellen sie stark auf und werden gelartig. Pro 100 g enthalten sie zwar 42 g Kohlenhydrate, aber man braucht jeweils nur kleine Mengen davon.

Guarkernmehl wird aus der Guarbohne gewonnen und sorgt für die Bindung von Zutaten. Ich setze es statt Speisestärke ein. Seine Bindekraft ist jedoch deutlich größer als bei herkömmlicher Speisestärke. 100 g enthalten ganze 0,9 g Kohlenhydrate.

Zur Herstellung von *Leinsamenmehl* werden die Leinsamen kalt gepresst und gemahlen. Das dabei entstandene Mehl enthält supergesunde Omega-3-Fettsäuren und Ballaststoffe sowie reichlich Eiweiß. Leinsamenmehl sorgt für luftiges Gebäck, allerdings muss man auf die richtige Dosierung der Flüssigkeit achten, da der Teig sonst schleimig bleibt. Geschmacklich erinnert es etwas an Vollkorn. Mit nur 0,1 Kohlenhydraten pro 100 g ist Leinsamenmehl für Low Carb geradezu genial!

Eiweißpulver hat sehr gute Backeigenschaften. Es bindet gut, lässt den Teig fluffiger werden und trägt zur Sättigung bei. Eiweißpulver, das hauptsächlich Casein enthält, eignet sich am besten zum Backen. Such dir ein Pulver, das so wenige Zusatzstoffe wie möglich enthält. Übrigens: In 100 g Eiweißpulver stecken rund 5 g Kohlenhydrate – also sehr wenig.

Kokosmehl entsteht beim Pressen und Entölen der Kokosnuss. Es ist sehr saugfähig und macht den Teig lockerer und luftiger. Das ist wichtig, weil Mandelmehl allein den Teig tendenziell etwas kompakter macht. Auch Kokosmehl passt mit nur 10 g Kohlenhydraten pro 100 g perfekt zu Low Carb.

Kuchen & Torten

Cappuccino-Torte

ZUBEHÖR

Eine Springform (18 cm ⌀)

ZUTATEN

Für den Boden:

50 g gesalzene Erdnüsse
50 g Kokosöl (mild)
50 g Mandelmehl
20 g Kokosmehl
50 g Xylit
25 g Erdnussmus
2 g Kakao

Für den Belag:

1 Pck. Pulvergelatine
400 g Frischkäse
150 g Schmand
140 g Xylit
Mark von ½ Vanilleschote
3 EL Espressopulver
120 ml Mandelmilch
200 ml Sahne
Kakao zum Bestreuen

1. Die Erdnüsse in einen Mixer geben und fein mahlen. Das Kokosöl schmelzen, zusammen mit den restlichen Zutaten in eine Schüssel geben und zu einem Teig verkneten. Den Teig auf dem Boden der Springform verteilen und für ca. 15 Minuten in den Kühlschrank geben.

2. Den Backofen auf 180 °C Umluft (E-Herd: 200 °C/ Gas: Stufe 3) vorheizen. Die Springform aus dem Kühlschrank holen und den Teig mit einer Gabel mehrmals einstechen. Nun für ca. 10 Minuten backen. Anschließend aus dem Ofen holen und in der Form abkühlen lassen.

3. Die Pulvergelatine nach Packungsanleitung zubereiten. Den Frischkäse in eine Schüssel geben und mit den Quirlen eines Handrührgeräts cremig schlagen. Anschließend Schmand, Xylit und das Vanillemark unterrühren.

4. Das Espressopulver mit 2 EL kaltem Wasser verrühren und unter die Frischkäsemasse rühren.

5. Die Mandelmilch zur Gelatine geben und unter die Frischkäsemasse ziehen. Nun die Creme gleichmäßig auf dem abgekühlten Tortenboden verteilen und mit einer Palette glatt streichen. Mindestens 8 Stunden (am besten über Nacht) im Kühlschrank kalt stellen.

6. Vor dem Servieren die Sahne steif schlagen, auf der Torte verteilen und mit Kakao bestreuen.

Nährwerte pro Stück: Kcal 417 | Kohlenhydrate 5 g | Fett 36 g | Eiweiß 10 g

Buttermilch-Mango-Torte

ZUBEHÖR

Eine Springform (18 cm ⌀)

ZUTATEN

Für den Teig:

70 g Mandelmehl

20 g Leinsamenmehl

40 g Xylit

30 g Erdnussmus

1 g Guarkernmehl

50 g Butter, geschmolzen

etwas Fett für die Form

Für den Belag:

9 Blatt Gelatine oder

1 ½ Pck. Pulvergelatine

200 ml Sahne

50 g Xylit

200 g Mango

300 ml Buttermilch

1 EL Zitronensaft

1. Den Backofen auf 180 °C Umluft (E-Herd: 200 °C/ Gas: Stufe 3) vorheizen. Die Zutaten für den Teig in eine Schüssel geben und gründlich verkneten.

2. Die Springform einfetten und den Teig in der Form verteilen bzw. ihn am Boden festdrücken. Mit einer Gabel mehrmals einstechen und ca. 15 Minuten backen. Dann aus dem Ofen holen und komplett in der Form abkühlen lassen.

3. Gelatine nach Packungsanleitung zubereiten. Die Sahne mit Xylit steif schlagen. Mango schälen, das Fruchtfleisch vom Kern schneiden und pürieren.

4. Die Buttermilch mit dem Zitronensaft und der vorbereiteten Gelatine vermengen und unter die Sahne heben. Die Masse auf dem abgekühlten Boden verteilen, das Mangopüree darüber träufeln und mit einem Messer Swirls einarbeiten.

5. Die Torte über Nacht im Kühlschrank fest werden lassen. Servieren und genießen!

Nährwerte pro Stück: Kcal 252 | Kohlenhydrate 6 g | Fett 16 g | Eiweiß 10 g

Schokotorte

ZUBEHÖR

Eine Springform (18 cm ⌀)

ZUTATEN

Für den Boden:

50 g Schokolade
(85 % Kakaoanteil)
2 Eier (Größe L)
170 g Butter (zimmerwarm)
50 g Xylit
1 Prise Salz
1 g Backpulver
100 g gem. Mandeln
1 g Kakaopulver
Fett für die Form

Für die Creme:

300 g Sahne
2 EL Kakaopulver
30 g Xylit
3 Blatt Gelatine

Für die Glasur:

50 g Sahne
30 ml Espresso
100 g Schokolade
(85 % Kakaoanteil)

1. Den Backofen auf 150 °C Umluft (E-Herd: 190 °C/ Gas: Stufe 2–3) vorheizen.

2. Die Schokolade grob hacken und über einem heißen Wasserbad schmelzen, dann etwas abkühlen lassen.

3. Die Eier trennen und das Eiweiß steif schlagen.

4. Eigelb mit Butter, Xylit, Salz und Backpulver verrühren und schaumig schlagen. Gemahlene Mandeln und Kakao unterschlagen. Die geschmolzene Schokolade unterziehen. Zum Schluss den Eischnee unterheben.

5. Die Springform einfetten. Den Teig einfüllen und im vorgeheizten Backofen ca. 60 Minuten backen. Anschließend komplett in der Form abkühlen lassen.

6. Für die Creme die Sahne steif schlagen, anschließend Kakaopulver und Xylit unterziehen. Die Gelatine nach Packungsanleitung zubereiten und mit der Kakaosahne vermengen. Ein wenig von der Schokosahne aufheben, um die Torte später damit zu dekorieren.

7. Den Boden waagerecht in der Mitte mit einem langen Messer halbieren und vorsichtig trennen.

8. Die untere Hälfte mit einem Teil der Schokosahne bestreichen, die obere Hälfte daraufsetzen, die restliche Schokosahne oben auf der Torte verteilen und die Seiten bestreichen. Mit einer Palette glatt streichen und für ca. 3 Stunden kühl stellen.

9. Für die Glasur Sahne und Espresso in einem Topf aufkochen. Vom Herd nehmen, die Schokolade klein hacken und hineingeben. Unter Rühren schmelzen lassen. Anschließend etwas abkühlen lassen, dann über die Torte gießen. Bis zum Servieren kühl stellen. Kurz vor dem Servieren mit der restlichen Schokosahne dekorieren.

Nährwerte pro Stück: Kcal 528 | Kohlenhydrate 6 g | Fett 24 g | Eiweiß 8 g

Papaya-Heidelbeeren-Naked-Cake mit Buttercreme

ZUBEHÖR

Eine Springform (12 cm ⌀)
Eine Springfrom (18 cm ⌀)

ZUTATEN

Für den Teig:
10 Eier (Größe M)
Mark von 1 Vanilleschote
210 g Butter
70 g Kokosraspel
320 g Mandelmehl
220 g Xylit
2 Pck. Backpulver
250 ml Mandelmilch
Fett für die Backformen

Für die Papaya-Füllung:
200 g Papaya
2 EL Zitronensaft
90 g Xylit

Für die Heidelbeer-Füllung:
200 g TK-Heidelbeeren
1 EL Zitronensaft
20 g Xylit

Für die Buttercreme:
300 g Xylit
300 g Butter (zimmerwarm)
300 g Frischkäse (zimmerwarm)

1. Den Backofen auf 180 °C Umluft (E-Herd: 200 °C/ Gas: Stufe 3) vorheizen.

2. Die Eier trennen und das Eiweiß steif schlagen.

3. Für den Teig das Mark der Vanilleschote auskratzen, die Butter schmelzen und beides mit den übrigen Zutaten vermengen.

4. Die Backformen fetten. Nacheinander je 3 Böden in der 18-cm-Springform und 3 Böden in der 12-cm-Springform für ca. 20 Minuten backen.

5. Die fertigen Böden jeweils aus dem Backofen holen, vorsichtig aus der Form lösen und komplett abkühlen lassen.

6. Die Papaya schälen, entkernen und würfeln. Mit Zitronensaft und Xylit in einem Topf bei mittlerer Hitze ca. 15 Minuten kochen. Dann pürieren und komplett abkühlen lassen.

7. Die Heidelbeeren mit Zitronensaft und Xylit ebenfalls bei mittlerer Hitze ca. 15 Minuten garen. Dann pürieren und ebenfalls ganz abkühlen lassen.

8. Für die Creme das Xylit in einem Mixer zu Puderxylit mahlen. Die Butter mit dem Puderxylit schaumig schlagen, dann den Frischkäse unterheben.

9. Die ausgekühlten Tortenböden bei Bedarf etwas begradigen.

10. Nun den ersten 18-cm-Boden auf eine Tortenplatte legen, mit einer Schicht Buttercreme bestreichen und dabei außen einen kleinen Rand formen. Etwas von der Papayafüllung darauf verteilen. Den zweiten Boden daraufsetzen, ebenso mit Buttercreme bestreichen und etwas Heidelbeerpüree darauf verteilen.

Tipp

Je nach Kapazität
der Küchengeräte
erst die Hälfte des
Teiges zubereiten,
dann die andere,
sobald die ersten
Böden fertig sind.

11. Den dritten Boden daraufsetzen und nur mit Buttercreme bestreichen. Außen jeweils eine dünne Schicht Buttercreme auftragen und verstreichen, sodass die Böden noch durchschimmern und der gewünschte Effekt entsteht.

12. Mit den 12-cm-Teigböden, den restlichen Fruchtfüllungen und der übrigen Buttercreme auf dieselbe Weise eine zweite Torte »bauen« und mittig auf die erste Torte setzen.

13. Vorher eventuell 3-4 Strohhalme in die Mitte der größeren Torte stecken, um die kleinere zu fixieren. Mit Blumen oder Obst nach Wunsch dekorieren. Für mindestens 5-6 Stunden kühl stellen.

Nährwerte pro Stück: Kcal 433 | Kohlenhydrate 3 g | Fett 31 g | Eiweiß 13 g

Tiramisu-Kuchen vom Blech

ZUTATEN

Für den Teig:
6 Eier (Größe M)
240 g Xylit
100 g Butter (geschmolzen)
100 g Sahne
240 g gem. Mandeln
100 g Mandelmehl

Für den Belag:
300 g Sahne
600 g Mascarpone
500 g Sahnequark
(40 % Fett)
160 g Xylit
6 EL kalter Espresso
Kakaopulver zum Bestäuben

1. Den Backofen auf 180 °C Umluft (E-Herd: 200 °C/ Gas: Stufe 3) vorheizen.

2. Die Eier trennen und das Eiweiß steif schlagen. Die Eigelbe mit Xylit, geschmolzener Butter und Sahne in eine Schüssel geben und vermengen. Die gemahlenen Mandeln und das Mandelmehl unterrühren. Zum Schluss den Eischnee unterheben.

3. Ein Backblech mit Backpapier auslegen. Den Teig gleichmäßig darauf verteilen und im vorgeheizten Backofen ca. 20 Minuten backen. Aus dem Ofen holen und abkühlen lassen.

4. Die Sahne steif schlagen. Mascarpone mit Quark und Xylit verrühren, die Sahne unterheben.

5. Den abgekühlten Kuchen mit Espresso beträufeln und die Creme darauf verteilen. Den Kuchen für 3–4 Stunden in den Kühlschrank stellen. Kurz vor dem Servieren mit Kakao bestäuben.

Nährwerte pro Stück: Kcal 384 | Kohlenhydrate 3 g | Fett 32 g | Eiweiß 12 g

Zitronen-Cheesecake

ZUBEHÖR

Eine Springform (18 cm ⌀)

ZUTATEN

Für den Boden:

60 g Mandelmehl
20 g gem. Haselnüsse
30 g Xylit
2 g Erdnussmus
50 g geschmolzene Butter
1 Prise Salz

Für die Füllung:

2 Eiweiß (Größe M)
200 g Frischkäse
120 g Xylit
1 Ei
100 ml Zitronensaft
(3 Zitronen)
20 g Mandelmehl
Mark von ½ Vanilleschote

1. Die Zutaten für den Boden in eine Schüssel geben und miteinander vermengen. Anschließend auf den Boden der Springform geben und festdrücken, dann mit einer Gabel mehrmals einstechen. Die Springform für 10 Minuten in den Kühlschrank stellen.

2. Den Backofen auf 180 °C Umluft (E-Herd: 200 °C/ Gas: Stufe 3) vorheizen. Die Form in in den Ofen geben und den Tortenboden ca. 10 Minuten backen.

3. Eiweiße steif schlagen. Den Frischkäse in einer Schüssel cremig rühren. Übrige Zutaten für die Füllung unterrühren. Den Eischnee unterheben.

4. Die Form aus dem Backofen nehmen, die Käsecreme einfüllen und auf dem Boden verteilen.

5. Wieder in den Backofen stellen und weitere ca. 30 Minuten backen. Den Ofen ausschalten und kurz auskühlen lassen.

6. Mit einem spitzen Messer einmal zwischen Kuchen und Form rundherum entlangfahren, sodass sich der Kuchen vom Rand löst. Anschließend den Cheesecake im Ofen vollständig abkühlen und dann im Kühlschrank ein paar Stunden durchziehen lassen.

Nährwerte pro Stück: Kcal 242 | Kohlenhydrate 3 g | Fett 16 g | Eiweiß 17 g

Lavatorte

ZUBEHÖR

Eine Springform (18 cm ⌀)

ZUTATEN

Für den Boden:

50 g Schokolade
(85 % Kakaoanteil)

2 Eiweiß (Größe M)

80 g Xylit

1 Prise Salz

60 g Kokosraspel

Für den Belag:

50 g TK-Beerenmischung

200 g Sahne

Mark von ½ Vanilleschote

20 g Xylit

200 g Erdbeeren

1. Schokolade hacken. Die Eiweiße steif schlagen. Xylit und Salz dazu geben und weiterschlagen, bis die Masse glänzt und sich das Xylit aufgelöst hat. Anschließend Kokosraspel und Schokostückchen unterheben.

2. Den Backofen auf 150 °C Ober-/Unterhitze (Umluft: 130 °C/ Gas: Stufe 1–2) vorheizen.

3. Den Boden der Springform mit Backpapier auslegen (Tipp: kurz unter Wasser halten, dann ausdrücken, so lässt es sich perfekt formen). Nun die Baisermasse hineinfüllen, dabei darauf achten, dass die Ränder knapp frei bleiben.

4. Den Baiserboden im vorgeheizten Backofen 60 Minuten backen. Dann den Ofen ausschalten, den Boden mit einem Messer vom Rand lösen und im geschlossenen Ofen abkühlen lassen.

5. Den erkalteten Baiserboden aus der Form nehmen und vom Backpapier lösen. Die Sahne mit Vanillemark und Xylit steif schlagen. Die Masse auf dem Boden verteilen.

6. Die Erdbeeren vorsichtig waschen, trocken tupfen, putzen und klein schneiden. Auf der Vanillesahne verteilen. Die TK-Beeren in der Mikrowelle auftauen und über die Erdbeeren geben.

Nährwerte pro Stück: Kcal 274 | Kohlenhydrate 5 g | Fett 20 g | Eiweiß 4 g

Himbeertorte mit Meringue-Creme

ZUBEHÖR

Eine Springform (12 cm ⌀)

ZUTATEN

Für den Teig:

4 Eier (Größe M)
80 g Mandelmehl
50 g gem. Haselnüsse
80 g Xylit
Mark von ½ Vanilleschote
½ Pck. Backpulver
50 g Butter (zimmerwarm)
Etwas Öl für die Form

Für die Füllung:

60 g TK-Himbeeren
50 g Xylit
½ Pck. Pulvergelatine
200 g Frischkäse

Für das Frosting:

4 Eiweiß (Größe M)
60 g Xylit
140 g sehr weiche Butter
Lebensmittelfarbe
nach Belieben (z. B.
Drachenfruchtpulver)

Nährwerte pro Stück:

Kcal 426 | Kohlenhydrate 2 g
Fett 33 g | Eiweiß 12 g

---

1. Den Backofen auf 180 °C Umluft (E-Herd: 200 °C/ Gas: Stufe 3) vorheizen. Die Springform mit dem Öl einfetten.

2. Die Eier trennen, das Eiweiß zu steifem Schnee schlagen.

3. Eigelbe mit den restlichen Zutaten verrühren und den Eischnee unterheben. Den Teig in 3 Portionen teilen. Jeweils 1 Drittel in die Springform geben und nacheinander 3 Böden backen. Jeweils aus dem Backofen holen, aus der Springform lösen und abkühlen lassen.

4. Die Himbeeren mit Xylit aufkochen, dann durch ein Sieb passieren. Abkühlen lassen. Die Gelatine nach Packungsanleitung zubereiten und mit dem Frischkäse vermengen. Himbeermark unterziehen.

5. Einen Boden mit der Hälfte der Frischkäsecreme bestreichen, den zweiten Boden daraufsetzen und mit restlicher Creme bestreichen. Den dritten Boden daraufsetzen.

6. Für das Frosting die Eiweiße mit dem Xylit in eine Schüssel geben und auf ein Wasserbad stellen. Unter ständigem Rühren bei mittlerer Geschwindigkeit (am besten mit dem Handmixer) solange erhitzen, bis sich das Xylit aufgelöst hat.

7. Die Schüssel vom Wasserbad nehmen und das Eiweiß sehr steif schlagen. Sobald sich die Masse wieder abgekühlt hat, die Butter hinzugeben. Die Masse gerinnt nun kurz. Für ca. 10 Minuten auf höchster Stufe weiterschlagen, bis die Masse wieder fest wird.

8. Die Torte rundherum dünn mit einem Drittel der Buttercreme bestreichen und für 30 Minuten in den Kühlschrank stellen.

9. Die restliche Buttercreme in 3 Portionen teilen und 2 Portionen in unterschiedlichen Farbtönen einfärben. Dann die Torte im Ombré-Look bestreichen. Zum Schluss mit einem Spatel Rillen ziehen.

Sommerlicher Beerenkuchen

ZUBEHÖR

Ein Blech

ZUTATEN

350 g gemischte Beeren
(frisch oder TK)

5 Eier (Größe M)

1 Prise Salz

Mark von 1 Vanilleschote

300 g Mandelmehl

200 g gem. Mandeln

1 Pck. Backpulver

200 g Xylit

50 g Kokosraspel

200 ml frisch gepresster
Orangensaft

100 g Butter (zimmerwarm)

1. Den Backofen auf 180 °C Umluft (E-Herd: 200 °C/ Gas: Stufe 3) vorheizen. Die Beeren verlesen oder nach Packungsanleitung auftauen lassen.

2. Die Eier trennen. Eigelb in eine Schüssel geben. In einer zweiten Schüssel das Eiweiß mit dem Salz sehr steif schlagen.

3. Mandelmehl, gemahlene Mandeln, Backpulver, Xylit, Kokosraspel, Vanillemark, Orangensaft und Butter zum Eigelb geben. Mit den Quirlen des Handrührgeräts verrühren, bis eine homogene Masse entsteht.

4. Ein Backblech mit Backpapier auslegen. Eischnee unter die Mandel-Eigelb-Masse ziehen und den Teig auf dem Backblech verstreichen. Die Beeren darauf verteilen und den Kuchen ca. 25 Minuten goldbraun backen. Abkühlen lassen und in Stücke schneiden.

Nährwerte pro Stück: Kcal 268 | Kohlenhydrate 5 g | Fett 17 g | Eiweiß 15 g

····· *Tipp* ·····

Wenn du frische
Beeren verwendest,
kannst du den
Kuchen portionsweise
einfrieren und bei
Bedarf auftauen.

....

Schneller Mandelkuchen

ZUBEHÖR

Eine Springform (18 cm ⌀)

ZUTATEN

Für den Teig:

70 g Butter
60 g Xylit
1 Ei (Größe M)
3 EL Orangensaft
100 g gem. Mandeln
40 g Mandelmehl
1 Prise Salz
½ g Backpulver
Fett für die Form

Für den Belag:

50 g Mandelblättchen
20 g Xylit
20 g Butter
½ g Zimt

1. Den Backofen auf 150 °C Umluft (E-Herd: 130 °C/ Gas: Stufe 1–2) vorheizen.

2. Die Butter schmelzen. Anschließend mit Xylit, Ei und Orangensaft schaumig schlagen. Dann die restlichen Zutaten unterschlagen. Den Teig in die gefettete Springform füllen.

3. Für den Belag die Mandelblättchen zusammen mit Xylit, Butter und Zimt in eine Pfanne geben. Unter Rühren erhitzen, bis die Masse ein wenig Farbe angenommen hat. Von der Kochstelle nehmen und etwas abkühlen lassen.

4. Die Mandelmasse auf dem Teig verteilen und den Kuchen ca. 30 Minuten im vorgeheizten Backofen backen. Herausnehmen und vollständig abkühlen lassen.

Nährwerte pro Stück:
Kcal 338 | Kohlenhydrate 2 g | Fett 27 g | Eiweiß 10 g

Kekse & Gebäck

Zimtschnecken

ZUBEHÖR

Eine Auflaufform
(20 x 20 cm)

ZUTATEN

Für den Teig:

70 g Kokosmehl
60 g Leinsamenmehl
4 Eier (Größe M)
120 g Butter
30 g Xylit
1 Prise Salz
1 g Natron
1 g Essig
½ Pck. Trockenhefe
Mark von ½ Vanilleschote
Etwas Öl für die Form

Für die Füllung:

120 g Butter
120 g Xylit
3 g Zimt

Für das Frosting:

80 g Xylit
80 g Frischkäse
40 g Kokosöl

1. Den Backofen auf 180 °C Umluft (E-Herd: 200 °C/ Gas: Stufe 3) vorheizen.

2. Alle Zutaten für den Teig mit 200 ml Wasser in einer Schüssel verkneten. 60 Minuten an einem warmen Ort gehen lassen.

3. Inzwischen die Butter schmelzen. Xylit und Zimt mischen und unter die Butter rühren.

4. Den Teig zwischen zwei Lagen Backpapier ausrollen und mit der Füllung bestreichen. Wieder aufrollen und in 8 etwa gleich dicke Scheiben schneiden.

5. Eine 20 x 20 cm Auflaufform mit etwas Öl einfetten. Die Teigscheiben in der Form eng nebeneinanderlegen und im vorgeheizten Backofen ca. 50 Minuten backen. Dann herausnehmen.

6. Für das Frosting Xylit zu feinem Puder mahlen. Kokosöl zerlassen und beides mit Frischkäse glatt rühren. Die Zimtschnecken damit bestreichen und lauwarm genießen.

Nährwerte pro Stück: Kcal 437 | Kohlenhydrate 1,8 g | Fett 34 g | Eiweiß 8 g

Süßes Zupfbrot

ZUBEHÖR

Eine Kastenform (20 cm)

ZUTATEN

Für den Teig:

90 g Kokosmehl
100 g Leinsamenmehl
4 Eier (Größe M)
90 g Xylit
1 Prise Salz
140 g Butter
40 g Flohsamenschalen
1 g Natron
1 g Essig
½ Pck. Trockenhefe
Mark von ½ Vanilleschote
Etwas Öl für die Form

Für die Füllung:

150 g gem. Haselnüsse
80 g Xylit
3 EL Kakaopulver
50 g Sahne
½ g Zimt

1. Den Backofen auf 180 °C Umluft (E-Herd: 200 °C/ Gas: Stufe 3) vorheizen.

2. Alle Zutaten für den Teig mit 200 ml Wasser in einer Schüssel verkneten. 60 Minuten an einem warmen Ort gehen lassen.

3. Die Zutaten für die Füllung in einer Schüssel miteinander verrühren.

4. Die Kastenform mit dem Öl einfetten. Den Teig zwischen zwei Lagen Backpapier ausrollen und mit der Füllung bestreichen. Dann in Quadrate (passend für die Kastenform) schneiden und eng aneinander in die Form legen, bis sie voll ist.

5. Im vorgeheizten Backofen ca. 30 Minuten backen. Herausnehmen, abkühlen lassen und genießen!

Nährwerte pro Scheibe: Kcal 185 | Kohlenhydrate 0,7 g | Fett 14 g | Eiweiß 6 g

Mandelzopf

ZUBEHÖR

Ein Blech

ZUTATEN

Für den Teig:

160 g Mandelmehl

130 g Leinsamenmehl

30 g Flohsamenschalen

3 Eiweiß (Größe M)

150 g griechischer Joghurt (zimmerwarm)

350 ml Buttermilch (zimmerwarm)

80 g Xylit

50 g gem. Mandeln

1 g Natron

1 EL Essig

1 Pck. Trockenhefe

Zum Bestreichen:

1 Ei

2 EL Isomalt oder Xylit

1. Den Backofen auf 200 °C Umluft (E-Herd: 220 °C/ Gas: Stufe 3–4) vorheizen.

2. Die Zutaten für den Teig in einer Schüssel miteinander verkneten und ca. 45 Minuten an einem warmen Ort gehen lassen.

3. Den Teig in 3 Portionen teilen und auf einer gut bemehlten Arbeitsfläche zu Rollen formen.

4. Ein Backblech mit Backpapier auslegen. Die 3 Teigrollen nebeneinander darauf legen und zum Zopf flechten. Mit verquirltem Ei bestreichen und mit Isomalt oder Xylit bestreuen.

5. Im vorgeheizten Backofen ca. 40 Minuten goldbraun backen. Herausnehmen und abkühlen lassen.

Nährwerte pro Scheibe: Kcal 94 | Kohlenhydrate 2 g | Fett 3 g | Eiweiß 8 g

Pistazien-Kirsch-Cupcakes

ZUBEHÖR

6 Muffinformen
(aus Papier)

ZUTATEN

Für den Teig:

50 g Pistazien, geröstet,
ungesalzen
2 Eier (Größe L)
1 Prise Salz
½ Pck. Backpulver
30 g Mandelmehl
50 g gem. Haselnüsse
50 g zerlassene Butter
50 ml Mandelmilch
30 g Xylit
100 g TK-Sauerkirschen

Für das Frosting:

80 g Xylit
80 g zerlassene Butter
140 g Frischkäse

1. Den Backofen auf 180 °C Umluft (E-Herd: 200 °C/ Gas: Stufe 3) vorheizen.

2. Die Pistazien von der Schale befreien und mahlen. Die Eier trennen.

3. Eiweiß mit Salz zu steifem Schnee schlagen.

4. Eigelb mit Backpulver, Mandelmehl, Haselnüssen, Butter, Mandelmilch, Xylit und gemahlenen Pistazien vermengen. Eischnee und gefrorene Kirschen unterheben.

5. Den Teig in Papier-Muffinförmchen füllen und im vorgeheizten Backofen ca. 20 Minuten backen. Mit einem Holzstäbchen testen, ob sie durch sind, und evtl. noch etwas weiter backen. Aus dem Backofen holen und völlig abkühlen lassen.

6. Für das Frosting das Xylit sehr fein mahlen. Dann mit der zerlassenen Butter aufschlagen. Frischkäse unterziehen, die Masse in einen Spritzbeutel füllen und die Muffins damit garnieren.

Nährwerte pro Stück: Kcal 323 | Kohlenhydrate 3 g | Fett 27 g | Eiweiß 6 g

Chia-Power-Cookies

ZUBEHÖR

Ein Blech

ZUTATEN

40 g Walnusskerne
25 g Schokolade
(85 % Kakaoanteil)
30 g Chia-Samen
40 g gem. Haselnüsse
30 g Xylit
30 g Sonnenblumenkerne
1 g Backkakao
1 Eiweiß (Größe M)
70 g Erdnussmus

1. Den Backofen auf 180 °C Ober-/ Unterhitze (Umluft: 160 °C/ Gas: Stufe 2–3) vorheizen und ein Backblech mit Backpapier belegen.

2. Walnüsse und Schokolade grob hacken, mit Chia-Samen, gemahlenen Haselnüssen, Xylit, Sonnenblumenkernen und Kakao in einer Schüssel mischen.

3. Flüssiges Eiweiß und Erdnussmus untermischen. Mithilfe von zwei Esslöffeln 10 etwa gleich große Portionen aus der Masse abstechen. Auf das Backblech geben und jeweils mit einem Löffel etwas flach drücken.

4. Die Cookies im vorgeheizten Backofen ca. 15 Minuten backen. Herausnehmen, auf einem Kuchengitter vollständig auskühlen lassen und in einer Blechdose frisch halten.

Nährwerte pro Stück: Kcal 154 | Kohlenhydrate 1 g | Fett 11 g | Eiweiß 5 g

Donuts aus dem Ofen

ZUBEHÖR

Ggf. eine Donutform

ZUTATEN

150 g Mandelmehl
140 g Leinsamenmehl
40 g Flohsamenschalen
80 g Xylit
Mark von ½ Vanilleschote
1 g Natron
1 Prise Salz
2 Eiweiß (Größe M)
250 g griechischer Joghurt
1 EL Pflanzenöl
Low-Carb-Schokolade
oder Xylit zum Dekorieren

1. Den Backofen auf 180 °C Umluft (E-Herd: 200 °C/ Gas: Stufe 3) vorheizen.

2. Das Mandelmehl mit Leinsamenmehl, Flohsamenschalen, Xylit, Vanillemark, Natron und Salz vermengen. Eiweiß, 300 ml lauwarmes Wasser und Joghurt unterkneten.

3. Den Teig ca. 10 Minuten quellen lassen. Dann in 6 Portionen teilen und in eine Donutform füllen oder je 6 Rollen formen und diese an den Enden zusammendrücken, anschließend mit Öl bestreichen.

4. Im vorgeheizten Backofen 30 Minuten backen. Mit Alufolie bedecken und weitere 20 Minuten backen. Aus dem Ofen holen und abkühlen lassen. Vor dem Servieren nach Geschmack mit Schokolade oder Xylit verzieren.

Nährwerte pro Stück: Kcal 254 | Kohlenhydrate 3 g | Fett 10 g | Eiweiß 25 g

Saftige Espresso-Brownie-Happen

ZUBEHÖR

Eine quadratische
Form (20 x 20 cm)

ZUTATEN

100 g Kidneybohnen
(Dose; Abtropfgewicht)
50 g Butter
150 g Schokolade
(85 % Kakaoanteil)
150 g Xylit
1 Prise Salz
3 Eier (Größe M)
90 g Mandelmehl
½ Pck. Backpulver
3 TL Espressopulver
Fett für die Form

1. Den Backofen auf 180 °C Umluft (E-Herd: 200 °C/ Gas: Stufe 3) vorheizen.

2. Die Kidneybohnen sehr gründlich abspülen, abtropfen lassen und pürieren.

3. Butter mit der Schokolade über einem heißen Wasserbad unter Rühren schmelzen. Vom Herd nehmen und etwas abkühlen lassen.

4. Xylit und Salz mit den Eiern schaumig schlagen, bis eine cremige Masse entsteht. Weiterrühren, dabei nach und nach die flüssige Butter-Schokoladen-Mischung dazugießen.

5. Zum Schluss Mandelmehl, Backpulver und Espressopulver unterrühren.

6. Die Form fetten (oder mit Backpapier auskleiden). Den Brownie-Teig hineingeben und im vorgeheizten Backofen ca. 20 Minuten backen.

7. Herausnehmen, abkühlen lassen und in 16 Häppchen schneiden.

Nährwerte pro Stück: Kcal 145 | Kohlenhydrate 5 g | Fett 9 g | Eiweiß 6 g

Joghurtschnitten mit Streuseln

ZUBEHÖR

Eine quadratische
Form (20 x 20 cm)

Eine Springform (18 cm ∅)

ZUTATEN

Für den Boden:

300 g TK-Beerenmischung

12 Blatt Gelatine

500 g Sahnequark
(40 % Fett)

500 g griechischer Joghurt

250 g Frischkäse

1 EL Zitronensaft

140 g Xylit

Für die Streusel:

75 g Mandelmehl

30 g Xylit

35 g Butter

1 g Backpulver

1. Die TK-Beeren in einem Topf erhitzen, ca. 10 Minuten köcheln lassen und pürieren. Von der Kochstelle nehmen und komplett abkühlen lassen.

2. Die Gelatine nach Packungsanleitung in reichlich kaltem Wasser einweichen.

3. Quark, Joghurt, Frischkäse, Zitronensaft und Xylit in einer Schüssel gut miteinander verrühren.

4. Das abgekühlte Beerenpüree unterrühren. Die Gelatine ausdrücken und in einem Topf bei mittlerer Hitze erhitzen, bis sie sich aufgelöst hat. 3–4 EL von der Joghurtmasse hinzugeben, damit die Gelatine abkühlt. Nun die Gelatine mit der restlichen Joghurtmasse vermengen. Eine quadratische (Back-) Form mit Backpapier oder Alufolie auskleiden, die Joghurtcreme einfüllen und glatt streichen. Über Nacht kalt stellen.

5. Den Backofen auf 180 °C Umluft (E-Herd: 200 °C/ Gas: Stufe 3) vorheizen.

6. Das Mandelmehl mit Xylit, Butter und Backpulver vermengen. Auf dem Boden der Springform (18 cm ∅) verteilen und im vorgeheizten Ofen ca. 15 Minuten goldbraun backen. Form herausnehmen und abkühlen lassen.

7. Den Teig kurz vor dem Servieren zerbröseln und gleichmäßig über die Joghurtmasse streuen. In 16 Stücke schneiden und genießen.

Carrot Cake Cookies

ZUBEHÖR

Ein Blech

ZUTATEN

150 g Karotten
50 g weiche Butter
50 g Xylit
2 Eier (Größe M)
100 g Mandelmehl
½ Pck. Backpulver
50 g Sonnenblumenkerne
½ g Zimt

1. Den Backofen auf 180 °C Umluft (E-Herd: 200 °C/ Gas: Stufe 3) vorheizen.

2. Die Karotten waschen, putzen, dünn schälen und fein raspeln.

3. Die Butter mit Xylit und Eiern schaumig schlagen.

4. Mandelmehl und Backpulver unterschlagen. Geraspelte Karotten und Sonnenblumenkerne unterheben.

5. Den Teig in 10 Klecksen auf ein mit Backpapier belegtes Backblech geben. Im vorgeheizten Backofen ca. 20 Minuten backen.

6. Herausnehmen und auf einem Kuchengitter auskühlen lassen. In einer luftdichten Blechdose aufbewahren.

Nährwerte pro Stück: Kcal 99 | Kohlenhydrate 3 g | Fett 13 g | Eiweiß 3 g

XL-Haselnuss-Schoko-Cookie

ZUBEHÖR

Ein Blech

ZUTATEN

1 Ei (Größe M)
50 g Xylit
1 Prise Salz
Mark von ½ Vanilleschote
50 g weiche Butter
30 g Haselnusskerne
50 g Schokolade
(85 % Kakaoanteil)
120 g Mandelmehl

1. Den Backofen auf 180 °C Umluft (E-Herd: 200 °C/ Gas: Stufe 3) vorheizen.

2. Das Ei mit Xylit, Salz und Vanillemark schaumig aufschlagen. Die Butter hinzugeben und alles cremig schlagen.

3. Haselnüsse und Schokolade grob hacken, dann mit dem Mandelmehl vermengen. Anschließend die Ei-Butter-Mischung unterheben.

4. Den Teig auf einem mit Backpapier ausgelegten Backblech in Form eines Cookies verteilen. Im vorgeheizten Backofen ca. 15 Minuten backen. Herausnehmen, in 8 Stücke schneiden und lauwarm mit Eis oder Sahne genießen.

Nährwerte pro Portion: Kcal 188 | Kohlenhydrate 3 g | Fett 13 g | Eiweiß 10 g

Andere Köstlichkeiten

Double Chocolate Salted Icecream

ZUTATEN

3 Eier (Größe L)

90 g Xylit

300 ml Mandelmilch (zimmerwarm)

150 g Schokolade (85 % Kakaoanteil)

100 g Vollmilchschokolade ohne Zucker

200 g Sahne

1 g (gestr.) Meersalz

1. Die Eier in einer Schüssel schaumig schlagen. Xylit hinzugeben und solange weiterschlagen, bis es sich aufgelöst hat.

2. Die Mandelmilch langsam und unter Rühren hinzugeben und weiterschlagen, bis die Masse schön schaumig ist.

3. Dann die Milch-Ei-Masse in einen Topf geben und bei mittlerer Hitze erhitzen, dabei mit dem Handrührgerät weiterhin so lange rühren, bis die Masse etwas andickt. (Achtung: Die Temperatur sollte dabei nicht über 70 °C steigen, damit das Ei nicht stockt!)

4. Den Topf von der Kochstelle nehmen, die Hälfte der Masse jeweils zur Hälfte in je eine saubere Schüssel füllen.

5. Beide Schokoladensorten getrennt hacken und jeweils in eine Schüssel mit Milch-Ei-Masse geben. Jeweils gut verrühren, bis die Schokolade geschmolzen ist. Alles ca. 30 Minuten abkühlen lassen.

6. Die Sahne steif schlagen und je zur Hälfte unter die beiden Schokomassen heben. Dann die helle und die dunkle Masse abwechselnd in eine gefrierfeste Form füllen.

7. Für mindestens 5 Stunden einfrieren. Etwa 20 Minuten vor dem Servieren aus dem Gefrierfach holen und 10 Kugeln daraus formen.

Nährwerte pro Kugel: Kcal 245 | Kohlenhydrate 3 g | Fett 19 g | Eiweiß 5 g

Himbeer-Basilikum-Sorbet

ZUTATEN

500 g TK-Himbeeren
2 EL Basilikumblätter
1 Bio-Zitrone
150 g Xylit
2 Blatt Gelatine

1. Die Himbeeren auftauen lassen und zusammen mit dem Basilikum pürieren.

2. Zitrone waschen, trocken reiben und die Schale mit einem Sparschäler dünn abziehen.

3. Zitronenschale mit Xylit und 150 ml Wasser aufkochen, bis sich das Xylit aufgelöst hat.

4. Weitere 5 Minuten bei schwacher Hitze köcheln lassen. Dann von der Kochstelle nehmen, die Zitronenschale entfernen und die Flüssigkeit etwas abkühlen lassen.

5. Gelatine nach Packungsanleitung in kaltem Wasser einweichen. Ausdrücken und unter Rühren im noch lauwarmen Sirup auflösen. Die Masse anschließend vollständig abkühlen lassen.

6. Den abgekühlten Sirup unter das Himbeer-Basilikum-Püree rühren und alles durch ein feines Sieb in eine gefrierfeste Form passieren.

7. Das Sorbet ca. 7 Stunden gefrieren lassen. Etwa 15–20 Minuten vor dem Servieren aus dem Gefrierfach nehmen und zu Kugeln formen.

Nährwerte pro Kugel: Kcal 160 | Kohlenhydrate 9 g | Fett 0,5 g | Eiweiß 2 g

Sweet & Salty Snackmix

ZUBEHÖR

Ein Blech

ZUTATEN

150 g Cashewkerne
150 g Mandeln
150 g Haselnusskerne
50 g Sonnenblumenkerne
1 g Salz
70 g Xylit
20 g Butter
½ g Zimt
25 g Schokolade
(85 % Kakaoanteil)

1. Den Backofen auf 180 °C Umluft (E-Herd: 200 °C/ Gas: Stufe 3) vorheizen.

2. Alle Nüsse und Kerne mit dem Salz in einer Schüssel vermengen.

3. Das Xylit mit 50 ml Wasser, Butter und Zimt in eine Pfanne geben. Unter Rühren erhitzen, bis alles geschmolzen ist. Noch 1 Minute kochen lassen, dann zum Nussmix geben und alles gut miteinander mischen.

4. Die Masse auf einem mit Backpapier ausgelegten Backblech verteilen und 10–15 Minuten backen (Achtung: Die Masse verbrennt leicht!).

5. Das Blech herausnehmen und die Masse abkühlen lassen.

6. Die Schokolade in der Mikrowelle oder über einem heißen Wasserbad schmelzen und über die Masse träufeln.

7. Über Nacht aushärten lassen. Dann in 20 etwa gleich große Stücke aufteilen und in einer Keksdose oder einem Vorratsglas kühl aufbewahren.

Nährwerte pro Stück: Kcal 175 | Kohlenhydrate 0,2 g | Fett 13 g | Eiweiß 5 g

Frozen Joghurt Bars

ZUTATEN

100 g TK-Himbeeren
100 g TK-Kirschen
500 g griechischer Joghurt
150 g Xylit
Mark von ½ Vanilleschote
1 Kiwi

1. Eine rechteckige gefrierfeste Form (20 x 20 cm) mit Alufolie auskleiden.

2. Die tiefgefrorenen Himbeeren und Kirschen in einem Topf erhitzen und einmal aufkochen lassen. Dabei mehrmals umrühren.

3. Joghurt mit Xylit und Vanillemark glatt rühren. In die vorbereitete Form geben und die Himbeer-Kirsch-Mischung darüber verteilen.

4. Kiwi schälen, in Würfel schneiden und über die Beeren-Kirsch-Schicht streuen.

5. Die Form über Nacht ins Gefrierfach stellen. Am nächsten Tag die Masse aus der Form und von der Alufolie lösen.

6. Zügig mit einem unter heißem Wasser angewärmten Messer in 8 Riegel schneiden. Die Riegel entweder sofort servieren oder in eine Gefrierdose geben und im Gefrierfach aufbewahren.

Nährwerte pro Stück: Kcal 135 | Kohlenhydrate 6 g | Fett 6 g | Eiweiß 2 g

Gebackenes Schoko-Mandel-Porridge

ZUTATEN

40 g gem. Mandeln

20 g Erdnussmus

1 g Backkakao

220 ml Mandelmilch

1 g Flohsamenschalen

½ g Zimt

30 g Xylit

1. Obst nach Geschmack (z. B. Heidelbeeren oder Himbeeren)

2. Den Backofen auf 180 °C Umluft (E-Herd: 200 °C/ Gas: Stufe 3) vorheizen.

3. Alle Zutaten (bis auf das Obst) miteinander vermengen und in eine feuerfeste Form füllen.

4. Im vorgeheizten Ofen 20 Minuten backen. Das Obst darauf verteilen und weitere 20 Minuten backen.

5. Herausnehmen, etwas abkühlen lassen und genießen!

Nährwerte pro Portion: Kcal 474 | Kohlenhydrate 3 g | Fett 34 g | Eiweiß 16 g

Apfel-Pancakes mit Vanillesoße

ZUTATEN

Für die Soße:
150 ml Mandelmilch
Mark von 1 Vanilleschote
30 g Xylit
2 Eier (Größe M)
150 g Sahne
½ g Guarkernmehl

Für die Pancakes:
2 Eiweiß (Größe M)
1 Prise Meersalz
1 kleiner Apfel
70 g gem. Mandeln
50 g Eiweißpulver (neutral)
100 ml Mandelmilch
30 g Xylit
1 g Backpulver
3 EL Rapsöl zum Backen

1. Die Mandelmilch mit Vanillemark und Xylit aufkochen, dann von der Kochstelle nehmen

2. In einer Schüssel die Eier schaumig aufschlagen, anschließend die Sahne unterschlagen.

3. Die Mischung mit dem Guarkernmehl zur Vanillemilch geben und sehr zügig mit einem Schneebesen verrühren, damit sich das Guarkernmehl auflöst.

4. Nochmals kurz aufkochen lassen, dann zur Seite stellen und abkühlen lassen.

5. Für die Pancakes Eiweiß mit Meersalz zu steifem Schnee schlagen.

6. Apfel schälen, vierteln, entkernen und klein schneiden.

7. Apfelstückchen mit Mandeln, Eiweißpulver, Mandelmilch, Xylit und Backpulver verrühren. Den Eischnee vorsichtig unterheben.

8. Das Rapsöl portionsweise in einer beschichteten Pfanne erhitzen. Aus dem Teig nacheinander 10 Pancakes (bei mittlerer Hitze und geschlossenem Deckel) backen. Zusammen mit der Vanillesoße servieren.

Nährwerte pro Stück: Kcal 175 | Kohlenhydrate 3 g | Fett 12 g | Eiweiß 8 g

Kokos-Vanille-Pudding

ZUTATEN

Mark von ½ Vanilleschote
400 ml Kokosdrink
ohne Zucker
¼ g Zimt
½ g geriebene Muskatnuss
30 g Xylit
6 Blatt Gelatine

1. Das Mark der Vanilleschote auskratzen und mit Kokosmilch, Zimt, Muskatnuss und Xylit bei mittlerer Hitze aufkochen.

2. Hitze auf kleinste Stufe schalten und alles noch 2–3 Minuten köcheln lassen. Dann von der Kochstelle nehmen und etwas abkühlen lassen.

3. Die Gelatine nach Packungsanleitung in Wasser einweichen, ausdrücken und unter Rühren in der warmen Kokosmilch auflösen.

4. In 3 Servierschälchen füllen und über Nacht im Kühlschrank fest werden lassen.

Nährwerte pro Portion: Kcal 90 | Kohlenhydrate 3 g | Fett 1,2 g | Eiweiß 0,1 g

Heidelbeer-Frühstückscrumble

ZUTATEN

- 180 g Heidelbeeren
- 20 g Butter (zimmerwarm)
- 30 g Mandelmehl
- 20 g Xylit
- 10 g Erdnussmus
- 10 g Chia-Samen
- 10 g Sonnenblumenkerne
- ½ g Zimt

1. Den Backofen auf 180 °C Umluft (E-Herd: 200 °C/ Gas: Stufe 3) vorheizen.

2. Heidelbeeren waschen, gut abtropfen lassen und in eine feuerfeste Form geben.

3. Die Butter mit den übrigen Zutaten in eine Schüssel geben und alles mit der Hand zu Streuseln kneten.

4. Streusel gleichmäßig über die Heidelbeeren verteilen.

5. Im vorgeheizten Ofen ca. 15 Minuten goldbraun überbacken. Herausnehmen, etwas abkühlen lassen und lauwarm genießen.

Nährwerte Pro Portion: Kcal 306 | Kohlenhydrate 6 g | Fett 16 g | Eiweiß 13 g

Schoko-Vanille-Waffeln

ZUBEHÖR

Ein Waffeleisen

ZUTATEN

100 g Mandelmehl
4 Eier (Größe M)
60 g Xylit
1 Prise Salz
1 g Backpulver
120 g Mozzarella
80 g saure Sahne
Mark von 1 Vanilleschote
1 g Kakaopulver

1. Ein Waffeleisen vorheizen.

2. Mandelmehl mit Eiern, Xylit, Salz und Backpulver vermengen.

3. Die Mozzarella-Kugel in Scheiben schneiden und zusammen mit der sauren Sahne in der Mikrowelle schmelzen, dann zügig unter die Mehlmischung heben.

4. Den Teig in zwei Hälften teilen, das Kakaopulver unter die eine und das Mark der Vanille unter die andere Hälfte rühren.

5. Je 1 EL hellen und dunklen Teig in das Waffeleisen geben und ausbacken. Auf diese Weise nacheinander 5 Waffeln backen und noch warm genießen.

Nährwerte pro Stück: Kcal 230 | Kohlenhydrate 3 g | Fett 11 g | Eiweiß 20 g

Minze-Beeren-Fruchtleder

ZUBEHÖR

Ein Blech

ZUTATEN

400 g Erdbeeren
½ Bund Minze
200 g Himbeeren
100 g Xylit
1 EL Zitronensaft

1. Den Backofen auf 60 °C Umluft (E-Herd: 40 °C/ Gas: Stufe 1) vorheizen. Ein Backblech mit Backpapier auslegen.

2. Erdbeeren vorsichtig waschen, trocken tupfen, putzen und grob zerkleinern. In einen Mixer oder in ein hohes Gefäß geben.

3. Minze waschen, trocken schütteln und die Blätter abzupfen. Himbeeren verlesen, mit Minzeblättern zu den Erdbeeren geben und alles fein pürieren.

4. Das Püree mit Xylit und Zitronensaft in einen Topf geben. Unter häufigem Rühren bei schwacher Hitze ca. 10 Minuten bei mittlerer Hitze dicklich einköcheln lassen.

5. Von der Kochstelle nehmen und etwas abkühlen lassen. Dann die Masse dünn und gleichmäßig auf das Backpapier streichen.

6. Im vorgeheizten Ofen etwa 6 Stunden trocknen lassen. Mit dem Finger vorsichtig testen, ob die Masse ausreichend trocken ist. Falls nicht, weitere ca. 30–60 Minuten trocknen.

7. Aus dem Ofen holen und abkühlen lassen. Inklusive des Backpapiers in Streifen schneiden. Dann vom Backpapier lösen, aufrollen und luftdicht aufbewahren.

Nährwerte pro Stück: Kcal 56 | Kohlenhydrate 3 g | Fett 0,2 g | Eiweiß 0,6 g

····· *Tipp* ·····

Probier es mal mit anderen
Obstsorten oder misch das
Püree mit Gemüse (z. B. Spinat)!
Wenn andere Zutaten mit
höherem Flüssigkeitsanteil
verwendet werden, kann sich
die Trockenzeit im Backofen
deutlich verlängern.

·······················

Salty Schoko-Erdnuss-Riegel

ERGIBT 15 STÜCK

ZUTATEN

- 180 g gesalzene Erdnüsse
- 120 g Kokosraspel
- 40 g Xylit
- 80 g Erdnussmus
- 200 g Schokolade (85 % Kakaoanteil)

1. Erdnüsse, Kokosraspel, Xylit, Erdnussmus und 30 ml Wasser in einen Mixer geben und zerkleinern, bis alles fein gemahlen ist.

2. Aus der Masse mit nassen Händen Riegel formen. Dabei die Masse sehr fest zusammenpressen und evtl. noch etwas Erdnussmus für besseren Halt untermischen. Die Riegel 20 Minuten ins Gefrierfach geben.

3. Schokolade über einem heißen Wasserbad schmelzen. Die Riegel darin wälzen und auf einem Gitter abtropfen lassen (dabei Backpapier unterlegen).

4. Die Riegel im Kühlschrank aufbewahren, aber vor dem Genuss rechtzeitig herausnehmen – sie schmecken bei Zimmertemperatur am besten!

Nährwerte pro Stück: Kcal 224 | Kohlenhydrate 2 g | Fett 17 g | Eiweiß 6 g

Weihnachten

Mini-Marzipanstollen

ZUBEHÖR

Ein Blech

ZUTATEN

Für das Marzipan:

100 g gem. Mandeln

80 g Xylit

4 g Rosenwasser

Für den Teig:

130 g Mandelmehl

50 g gem. Mandeln

50 g Sahne

50 g Xylit

80 g Butter

1 Prise geriebene Muskatnuss

Mark von ½ Vanilleschote

4 EL Rum

½ Pck. Backpulver

1 Prise Salz

40 g Rosinen

Außerdem:

40 g zerlassene Butter

40 g Puderxylit

1. Für das Marzipan die gemahlenen Mandeln in einem Mixer mahlen, bis das Öl austritt. Herausnehmen, in eine Schüssel geben und beiseitestellen.

2. Das Xylit in den Mixer geben und sehr fein mahlen. Zu den gemahlenen Mandeln und dem Mandelöl geben. Rosenwasser zufügen und alles gründlich verkneten. In einen Gefrierbeutel füllen und im Kühlschrank aufbewahren.

3. Alle Zutaten für den Teig (bis auf die Rosinen) in eine Schüssel geben und mit den Händen gründlich verkneten. Zum Schluss die Rosinen einarbeiten.

4. Den Backofen auf 220 °C Ober-/Unterhitze (Umluft: 200 °C/ Gas: Stufe 3–4) vorheizen.

5. Vom Teig jeweils ca. 1 EL abnehmen, flach drücken und ca. 1 TL des Marzipans in die Mitte geben. Mit dem Teig umschlagen und dabei 6 kleine Laibe bzw. Stollen formen.

6. Die Mini-Stollen auf ein mit Backpapier ausgelegtes Backblech legen. Im vorgeheizten Backofen ca. 20 Minuten goldbraun backen.

7. Aus dem Ofen holen, kurz abkühlen lassen und vorsichtig (sie sind warm noch sehr brüchig) mit etwa 20 g flüssiger Butter bestreichen.

8. Das Stollen-Konfekt abkühlen lassen, ein weiteres Mal mit restlicher flüssiger Butter bestreichen und mit Puderxylit bestäuben. In einer Blechdose aufbewahren.

Nährwerte pro Stück: Kcal 297 | Kohlenhydrate 2 g | Fett 23 g | Eiweiß 18 g

Walnussecken

ZUBEHÖR

Ein Blech

ZUTATEN

Für den Teig:

60 g Mandelmehl

50 g Butter

1 g Guarkernmehl

40 g Xylit

1 Eiweiß (Größe M)

Mark von ½ Vanilleschote

Für den Belag:

150 g grob gehackte Walnusskerne

100 g gem. Haselnüsse

70 g Butter

50 g Xylit

50 g Sahne

1. Den Backofen auf 180 °C Umluft (E-Herd: 200 °C/ Gas: Stufe 3) vorheizen.

2. Alle Zutaten für den Teig in einer Schüssel mit den Händen gut verkneten. In einen Gefrierbeutel geben und ca. 20 Minuten in den Kühlschrank geben. Dann auf einem mit Backpapier ausgelegten Backblech ausrollen.

3. Die Nüsse mit Butter und Xylit in einer Pfanne unter Rühren bei mittlerer Hitze so lange erwärmen, bis die Masse braun wird.

4. Mit der Sahne ablöschen und 2–3 Minuten weiter köcheln lassen, bis die Flüssigkeit verdampft ist. Von der Kochstelle nehmen und die Masse auf den Teig streichen.

5. Im vorgeheizten Ofen etwa 20 Minuten backen. Herausnehmen, abkühlen lassen, in Dreiecke schneiden und in einer Blechdose aufbewahren.

Nährwerte pro Stück: Kcal 269 | Kohlenhydrate 2 g | Fett 23 g | Eiweiß 6 g

Cupcakes mit gebrannten Zimt-Mandeln

ZUBEHÖR

6 Muffinformen

ZUTATEN

Für den Teig:
100 g gem. Mandeln
3 Eier (Größe M)
1 Prise Salz
60 g zerlassene Butter
½ Pck. Backpulver
30 g Mandelmehl
50 g Sahne
40 g Xylit

Für die gebrannten Mandeln:
100 g Mandelkerne
60 g Xylit
1 g Zimt

Für das Topping:
100 g Frischkäse
150 g Sahne

1. Den Backofen auf 180 °C Umluft (E-Herd: 200 °C/ Gas: Stufe 3) vorheizen.

2. Die gemahlenen Mandeln in einer Pfanne leicht anrösten. Sofort auf einen großen Teller umfüllen und beiseitestellen.

3. Die Eier trennen und das Eiweiß mit Salz zu steifem Schnee schlagen.

4. Eigelb in eine Schüssel geben. Alle restlichen Zutaten dazu geben und gut unterrühren.

5. Den Eischnee unterheben, den Teig in Muffinförmchen füllen und im vorgeheizten Ofen ca. 20 Minuten backen. Dann herausnehmen und abkühlen lassen.

6. Die Mandelkerne mit Xylit und Zimt in einer Pfanne erhitzen. Sobald das Xylit Blasen schlägt, die Masse auf Backpapier kippen. Sehr heiß! Nicht berühren und nicht mit Plastik in Kontakt kommen lassen. Vollständig auskühlen lassen.

7. Von den gebrannten Mandeln 6 Stück zur Deko beiseitelegen. Restliche Mandeln in einem Mixer fein mahlen und mit dem Frischkäse vermengen.

8. Die Sahne steif schlagen und unter die Mandel-Frischkäse-Masse ziehen. In einen Spritzbeutel füllen und auf den Muffins verteilen. Mit den beiseitegestellten gebrannten Mandeln garnieren.

Nährwerte pro Stück: Kcal 517 | Kohlenhydrate 4 g | Fett 43 g | Eiweiß 15 g

Knusprige Mandeltaler

ZUBEHÖR

Ein Blech

ZUTATEN

70 g Xylit
50 g sehr kalte Butter
50 g Mandelmehl
30 g Eiweißpulver
50 g gemahlene Mandeln
1 Eigelb (Größe M)
Mark von ½ Vanilleschote

1. 40 g Xylit in einer Kaffeemühle oder im Mixer zu feinem Puder mahlen und beiseitestellen.

2. Die Butter flöckchenweise in eine Schüssel geben. Die restlichen Zutaten (bis auf das Puderxylit) hinzufügen und alles mit den Händen zu einem glatten Teig verkneten.

3. Den Teig in einen Gefrierbeutel geben, zu einer Rolle formen und 30 Minuten in den Kühlschrank geben.

4. Den Backofen auf 180 °C Umluft (E-Herd: 200 °C/ Gas: Stufe 3) vorheizen und ein Backblech mit Backpapier auslegen.

5. Von der Teigrolle ca. 1 cm dicke Scheiben abschneiden und auf das Backblech legen. Im vorgeheizten Ofen ca. 20 Minuten goldbraun backen.

6. Aus dem Ofen holen, kurz abkühlen lassen und noch lauwarm in dem Puderxylit wälzen (Vorsicht: Die Mandeltaler sind warm noch sehr zerbrechlich!).

7. Mandeltaler abkühlen lassen und in einer Keksdose oder einem Vorratsglas aufbewahren.

Nährwerte pro Stück: Kcal 63 | Kohlenhydrate 4 g | Fett 4 g | Eiweiß 3 g

Zimt-Mandel-Wolken

ZUBEHÖR

Ein Blech

ZUTATEN

1 Eiweiß (Größe L)
1 Prise Salz
80 g Xylit
150 g gem. Mandeln
½ g Zimt
Pflanzenöl zum Arbeiten
30 g Mandelblättchen

1. Den Backofen auf 180 °C Umluft (E-Herd: 200 °C/ Gas: Stufe 3) vorheizen. Ein Backblech mit Backpapier auslegen.

2. Xylit in einer Kaffeemühle oder im Mixer zu Puderxylit mahlen. Das Eiweiß mit einer Prise Salz sehr steif schlagen. Puderxylit einrieseln lassen und dabei weiterschlagen, bis Masse glänzt und seidig schimmert.

3. Die gemahlenen Mandeln mit dem Zimt mischen und unter den Eischnee heben. Aus der Masse mit eingeölten Händen 16 Kugeln formen und auf dem Backblech verteilen.

4. Mandelblättchen mit den Händen grob zerdrücken, auf den Kugeln verteilen und dabei etwas andrücken.

5. Die Ofenhitze auf 80 °C Umluft (E-Herd: 100 °C/ Gas: Stufe 1) reduzieren. Backblech in den Backofen schieben und die Teigkugeln 50 Minuten backen.

6. Den Backofen ganz ausschalten und die Zimt-Mandel-Wolken darin 30 Minuten ruhen lassen.

7. Dann aus dem Ofen nehmen und mindestens 24 Stunden trocknen lassen. In einer Keksdose aufbewahren.

Nährwerte pro Stück: Kcal 83 | Kohlenhydrate 1 g | Fett 5 g | Eiweiß 3 g

Schokoladen-Lebkuchen

ZUBEHÖR

Ein Blech

ZUTATEN

2 Eier (Größe M)
200 g gem. Haselnüsse
50 g gem. Mandeln
120 g Xylit
½ Pck. Lebkuchengewürz
½ g Zimt
1 Msp. Hirschhornsalz
80 g Schokolade
(85 % Kakaoanteil)

1. Den Backofen auf 180 °C Umluft (E-Herd: 200 °C/ Gas: Stufe 3) vorheizen. Ein Backblech mit Backpapier auslegen.

2. Die Eier mit Haselnüssen, Mandeln, Xylit, Lebkuchengewürz, Zimt und Hirschhornsalz zu einem Teig verkneten.

3. Aus dem Teig 6 runde Lebkuchen formen, indem man ⅙ des Teigs in der Hand zu einer Kugel formt und diese dann flach drückt. Anschließend auf dem Backpapier verteilen und im vorgeheizten Backofen 30 Minuten backen. Herausnehmen und abkühlen lassen.

4. Die Schokolade über einem heißen Wasserbad schmelzen. Die Lebkuchen mit einer Seite darin eintauchen oder die Schokolade mit einem Pinsel auf den Lebkuchen verteilen.

5. Lebkuchen trocknen lassen, bis die Schokolade fest wird, und in einer Aludose aufbewahren. (Sie halten sich so mehrere Wochen.)

Nährwerte pro Stück: Kcal 380 | Kohlenhydrate 6 g | Fett 28 g | Eiweiß 6 g

Saure-Sahne-Kringel

ZUBEHÖR

Ein Blech

ZUTATEN

170 g Mandelmehl
50 g Eiweißpulver (neutral)
40 g Puderxylit
90 g saure Sahne
170 g kalte Butter
1 Eigelb (Größe M)
30 g Isomalt (oder Xylit)

1. Mandelmehl, Eiweißpulver, Puderxylit und saure Sahne in eine Schüssel geben. Die Butter in Flöckchen zugeben und alles mit den Händen zu einem Teig verkneten. In einen Gefrierbeutel geben und 30 Minuten in den Kühlschrank legen.

2. Den Backofen auf 180 °C Umluft (E-Herd: 200 °C/ Gas: Stufe 3) vorheizen. Ein Backblech mit Backpapier auslegen.

3. Den Teig zwischen zwei Stücken Backpapier ausrollen und nach Geschmack 20 Kringel oder andere Formen ausstechen. Sollte der Teig zwischendurch zu klebrig werden, einfach noch mal ein paar Minuten in den Kühlschrank geben.

4. Plätzchen auf dem Backblech verteilen, mit verquirltem Eigelb bestreichen und mit Isomalt bestreuen. Im vorgeheizten Ofen ca. 15 Minuten goldbraun backen.

5. Blech aus dem Ofen nehmen, Plätzchen ganz auskühlen lassen und in einer Keksdose aufbewahren.

Nährwerte pro Stück: Kohlenhydrate: 0,6 g | Fett: 8 g | Eiweiß: 6 g | 118 kcal

Adventsmuffins mit Rum

ZUBEHÖR

7 Muffinformen

ZUTATEN

100 g Mandelmehl
50 g gem. Haselnüsse
50 g gem. Mandeln
1 g Backpulver
80 g Xylit
1 g Spekulatiusgewürz
40 ml Kokosöl
1 Ei
1 EL Rum
200 ml Mandelmilch
50 g gehackte Walnüsse
1 kleiner Apfel
80 g Schokolade
(85 % Kakaogehalt)

1. Den Backofen auf 180 °C Umluft (E-Herd: 200 °C/ Gas: Stufe 3) vorheizen.

2. Das Mandelmehl mit gemahlenen Haselnüssen und Mandeln, Backpulver, Xylit und Spekulatiusgewürz vermengen.

3. Das Kokosöl, Ei, Rum, Mandelmilch und Walnüsse dazu geben. Alles zu einem Teig verkneten.

4. Apfel schälen, vierteln, entkernen und klein würfeln. Unter den Teig heben.

5. Den Teig in 7 Muffinförmchen füllen und im vorgeheizten Ofen ca. 25 Minuten backen.

6. Herausnehmen und abkühlen lassen.

7. Schokolade über einem heißen Wasserbad schmelzen. Muffins nacheinander hineintauchen, abtropfen lassen und auf einem Kuchengitter abtropfen lassen (darunter Backpapier legen).

8. Die Schokolade fest werden lassen und genießen.

Nährwerte pro Stück: Kcal 360 | Kohlenhydrate 6 g | Fett 26 g | Eiweiß 12 g

Weihnachtliche Vanille-Kokos-Kugeln

ZUTATEN

40 g Kokosraspel

40 g Xylit

Mark von ½ Vanilleschote

20 g Kokosöl

50 g Mascarpone

1 EL Rum

1 EL Orangensaft

2-3 Prisen Zimt

10 Mandelkerne

Außerdem:

Kokosraspel zum Wälzen

1. Die Kokosraspel in einem Mixer fein mahlen. In eine Schüssel umfüllen.

2. Xylit ebenfalls in den Mixer geben. Etwa 10 Sekunden zu feinem Puder mahlen und in die Schüssel geben.

3. Vanillemark, Kokosöl, Mascarpone, Rum, Orangensaft und Zimt hinzufügen. Alles zu einem Teig verkneten und 20 Minuten in den Kühlschrank stellen.

4. Anschließend 10 murmelgroße Kugeln aus dem Teig formen, dabei jeweils 1 Mandelkern in die Mitte drücken.

5. Nach Geschmack in Kokosraspeln wälzen und im Kühlschrank aufbewahren.

Nährwerte pro Stück: Kcal 80 | Kohlenhydrate 0,6 g | Fett 7 g | Eiweiß 0,7 g

Tipp

Die Vanille-Kokos-
Kugeln sind ca.
14 Tage haltbar und
eignen sich toll als
selbst gemachtes
Geschenk in der
Weihnachtszeit!

Erdnussbutter-Fudge

ZUTATEN

225 g Frischkäse
225 g Butter
225 g Erdnussmus
225 g Xylit
80 g Eiweißpulver (neutral)

1. Ein Stück Backpapier unter Wasser halten, ausdrücken und eine rechteckige Form (20 x 20 cm) damit auskleiden.

2. Frischkäse und Butter in einer Pfanne bei mittlerer Hitze erwärmen. Das Erdnussmus hinzugeben und unter Rühren weiter erwärmen, bis eine homogene Masse entsteht.

3. Von der Kochstelle nehmen. Xylit und Eiweißpulver untermischen. In die vorbereitete Form geben und über Nacht im Kühlschrank fest werden lassen.

4. In 16 Stücke schneiden und genießen.

Nährwerte pro Stück: Kcal 274 | Kohlenhydrate 2 g | Fett 15 g | Eiweiß 9 g

Dank

Ich danke meinem Mann, dass er mich auch mit meinem Höchstgewicht über alles geliebt und mich nie dazu gedrängt hat, dass ich etwas an mir verändern soll. Außerdem dafür, dass er an mich glaubt und mich bei all meinen Vorhaben unterstützt.

Meiner Tochter danke ich, weil sie mir täglich so viele Lächeln ins Gesicht zaubert.

Meiner Mama danke ich, weil sie seit meiner Kindheit alles getan hat, um mich zu unterstützen und meine Träume wahr werden zu lassen. Ohne sie wäre ich nicht, wer ich heute bin. Danke für alles!

Danke auch an meine Familie, weil ihr mich immer unterstützt und mir Mut macht.

Meinen Freunden danke ich, dass sie mich in schwierigen Zeiten aufmuntern und mir immer als Probeesser zur Verfügung stehen.

Ich danke allen Leser/-innen meines Blogs, die mich zum Teil bereits seit Jahren begleiten, mir liebe Kommentare hinterlassen und mich unterstützen.